# Inhalt

## Duales System Deutschland im umgestalteten Recycling-Markt

Kernthesen

Beitrag

Fallbeispiele

Weiterführende Literatur

Impressum

# Duales System Deutschland im umgestalteten Recycling-Markt

*I.Zeilhofer-Ficker*

## Kernthesen

- Die von der Europäischen Wettbewerbskommission und deutschen Konkurrenten geforderte Liberalisierung der Verkaufsverpackungsmüll-Entsorgung bringt die DSD in Bedrängnis.
- Zusätzlich wird die DSD durch das ab Januar 2003 geplante Pflichtpfand auf Einwegverpackungen jährlich ca. 290 Mio. Euro an Lizenzgebühren verlieren.
- Kritiker sind sich einig, dass die DSD die

Systemkosten drastisch senken muss, um weiterhin die weitaus billiger arbeitende Konkurrenz abwehren zu können.
- Innovationen der Sortier- und Verwertungstechniken müssen von der DSD konsequent eingesetzt und genutzt werden.

# Beitrag

Jeder deutsche Verbraucher hat im vergangenen Jahr 76,6 Kilogramm Müll in die gelben Tonnen oder Säcke oder Altpapier- oder Glascontainer des DSD (Duales System Deutschland) geworfen. Von den insgesamt von der DSD gesammelten 6,3 Millionen Tonnen Müll wurden 5,3 Millionen Tonnen verwertet. Damit sind auch 2001 alle vorgeschriebenen Quoten übererfüllt worden. Der von der DSD abgewickelte Handel mit dem Verpackungsmüll hat sich zu einem 2-Milliarden-Euro-Geschäft entwickelt. (5)

Trotzdem ist die DSD in den Schlagzeilen. Zum einen befürchtet die DSD, dass ihr durch die geplante Einführung des Dosenpfands zum 1. Januar 2003 jährlich 290 Mio. Euro an Lizenzgebühren fehlen werden, zum anderen drohen ihr durch weitreichende von DSD-Konkurrenten betriebene Liberalisierungsversuche des Kleinverpackungsmüllmarktes weitere

Umsatzausfälle. Zu diesen Problemen von außen kommen DSD AG interne Unstimmigkeiten über den geplanten Organisations-Umbau mit Schaffung einer DSD-Stiftung als Alleineigentümerin der AG. Es stellt sich daher die Frage, wie es mit dem DSD und dem Wertstoff-Recycling in Deutschland weiter gehen wird. (1), (2), (3)

## Historie

1991 trat die vom damaligen Bundesumweltminister Töpfer entwickelte Verpackungsverordnung in Kraft. Diese Verordnung schrieb erstmals die Produktverantwortung dem Hersteller zu und verpflichtete die Produzenten und Vertreiber zur Rücknahme und Verwertung von Verkaufs- und Transportverpackungen. Weil der Handel aber befürchtete, zum Müllabladeplatz der Republik zu werden, initiierten Handel und Industrie das Duale System Deutschland, das als Solidargemeinschaft zur Verpackungsmüllverwertung agieren sollte. Aktionäre der DSD sind hauptsächlich Handelsunternehmen und Markenartikelhersteller. Mittlerweile nutzen 19 000 Lizenznehmer den Grünen Punkt. Durch die Lizenzgebühren finanziert und organisiert die DSD die Sammlung von Verpackungsmüll beim Verbraucher und die Wiederverwertung oder

Entsorgung über Recyling- und Entsorgungsfirmen.
(4)

## DSD-Stiftung - ja oder nein?

Der von der DSD-Vorstandschaft vorgeschlagene Umbau mit der Schaffung einer Stiftung als Dachorganisation der DSD AG wird von den beteiligten Industrie- und Entsorgungsunternehmen weiterhin abgelehnt. Der Vorschlag, das gegenwärtige Aktienkapital der DSD AG in eine noch zu gründende Stiftung einzubringen, die dann Alleineigentümerin der AG sein würde, weckt Befürchtungen über eine Verselbstständigung der DSD zu Lasten des Einflusses der Industrie. Der Stiftungsbeirat sollte neben Vertretern aus Industrie und Handel auch Vertreter aus der Politik und von gesellschaftlichen Gruppen enthalten. Da der Stiftungsbeirat über Finanzierungsbeiträge und Gebühren entscheiden würde, befürchtet man, die DSD würde zur Erfüllung von gesellschaftlich-politischen Aufgaben zu Lasten der Industrie missbraucht. Eine endgültige Entscheidung ist, auch im Hinblick auf eine evtl. zu erwartende Novelle der Verpackungsverordnung, nicht vor dem Frühsommer diesen Jahres zu erwarten.
(3), (9), (10)

## Was wurde erreicht?

Obwohl Verpackungsabfälle seit 1991 nur um 13 % gesenkt wurden, ist die DSD-Bilanz trotzdem eine positive. Mehr und mehr Verpackungsmaterial wurde recyclingfähig, neue Sammel- und Sortiermethoden und -anlagen wurden entwickelt und das Grüne-Punkt-Konzept wurde in mittlerweile 15 Länder Europas "exportiert". Über den Zeitraum 1991 bis 2000 gesehen hat der Ressourcenverbrauch pro Jahr um rund 5,5 Prozent abgenommen. Waren die ersten Recycling-Ergebnisse Anfang der 90er Jahre noch in Bulgarien produzierte Plastikparkbänke und Gartenzäune, die niemand wollte, so ist der Kunststoffmüll inzwischen auch hierzulande zum begehrten Sekundärrohstoff geworden. [(4)](), [(5)](), [(6)](), [(7)]()

Eine aktuelle Studie der Baseler Prognos AG hat das DSD-System unter Nachhaltigkeitsaspekten untersucht. Die ganzheitliche Betrachtung der DSD-Aktivitäten beinhaltete die Aspekte Ökologie, Ökonomie und Soziales. Im Vergleich zu einer bundesdeutschen Abfallwirtschaft ohne Duales System, bestehend aus 30 % Müllverbrennung und 70 % Deponierung des Verkaufsverpackungsmülls, wurde festgestellt, dass das DSD einen spürbaren Beitrag zur Nachhaltigkeit leistet. Seit Einführung des Grünen Punktes wurden der Ressourcenverbrauch eingedämmt, die Verwertungsmengen erhöht und die Emission von Treibhausgasen reduziert. Innovations- und Investitionsimpulse im Bereich der Sammel-Logistik sowie für die Sortierungs- und Wertstoffaufbereitungstechniken sind entstanden und wurden umgesetzt. Durch das Duale System Deutschland wurden rund 17000 Arbeitsplätze geschaffen. Schließlich ist das Grüne-Punkt-Verfahren bei den Verbrauchern gut eingeführt und akzeptiert: 83 % sind zufrieden bis vollkommen zufrieden damit. (7), (8)

Die Schwachstelle des DSD sind aber die hohen Systemkosten. Zur Zeit zahlt jeder Bundesbürger ca. 23 Euro pro Jahr für die Verwertung der Verpackungsabfälle. Seit 1993 sanken die Systemkosten pro Tonne Verwertungsmaterial zwar von 404 Euro auf 330 Euro in 2000, Trotzdem stellt die Studie fest, dass dieser Betrag noch weit niedriger liegen könnte, hätte das DSD nicht die faktische Monopolstellung durch seinen Marktanteil von über 80 %. Prognos sieht in der Monopolstellung und dem damit verbundenem Marktverhalten des DSD erhebliche Risiken für die Zukunft. (7)

## Pflichtpfand trotz DSD

Die Verpackungsverordnung von 1991 enthält auch die rechtliche Grundlage für die Einführung eines Pflichtpfandes, wenn gewisse Mehrwegquoten für Getränke nicht erreicht werden. Seit 1997 sinkt der Anteil des Getränkeverkaufs in Mehrwegbehältern ständig. Die gesetzlich vorgeschriebene Mehrwegquote von 72 % für Bier, Mineralwasser und kohlensäurehaltige Erfrischungsgetränke wird schon seit geraumer Zeit wesentlich unterschritten und liegt derzeit nur noch bei 63,8 %. Damit ein Anreiz zum Kauf von Getränken in Mehrwegverpackungen entsteht, beschloss das Kabinett im März 2002, die aktuelle Quote am 1. Juli 2002 zu veröffentlichen und damit die Pfandpflicht zum 1. Januar 2003 zu initiieren. Das Pflichtpfand beträgt 25 Cent pro Container, ab einem Inhalt von eineinhalb Litern 50 Cent. Durch die Einführung eines Pfandsystems soll außerdem der steigenden "wilden" Abfallentsorgung in freier Natur Einhalt geboten werden. Denn statistisch gesehen liegt bereits heute auf deutschen Straßen alle 8 Meter eine weggeworfene Dose oder Einwegflasche. (11)

Massive Proteste gegen das Dosenpfand erhoben sich sofort nach Bekanntgabe des Kabinettsbeschlusses - ähnlich wie damals bei der Einführung der Katalysator-Pflicht für Autos. Nicht nur die DSD legte sofort Einspruch ein, 30 Unternehmen aus Handel, Getränkeindustrie und

Verpackungsherstellung haben mittlerweile Klage vor den Verwaltungsgerichten aller Bundesländer eingereicht, um das Pflichtpfand doch noch zu verhindern. Vor allem die Handelsgruppe Rewe, der Verpackungshersteller Schmalbach-Lubeca sowie diverse Großbrauereien rufen massiv zum Widerstand gegen das Einwegpfand auf. Ebenso ist eine Klage der EU-Kommission beim Europäischen Gerichtshof anhängig, die von Großbritannien und Frankreich unterstützt wird. Die Bundesvereinigung Deutscher Handelsbetriebe (BDH) hat rechtliche Schritte notfalls bis vor das Bundesverfassungsgericht angekündigt, da vor allem Kleinhändler durch die notwendigen Anschaffungskosten für Leergutautomaten von rund 10000 bis 15000 Euro massiv benachteiligt würden. (12), (13), (14)

Die DSD AG klagt vor allem über die in Zukunft wegfallenden Lizenzgebühren von rund 290 Millionen Euro. Dagegen würden die Kosten aber nur um 40 % sinken, da die Fixkosten gleich blieben. Eine Erhöhung des Lizenzentgeltes wurde daher vorsorglich schon mal angekündigt. Die DSD glaubt außerdem, dass der Aufbau eines zusätzlichen Entsorgungsweges für die betreffenden 11 Milliarden Verpackungen pro Jahr viel zu kostenaufwendig sei. Man rechnet mit 1,3 Milliarden Euro allein für die Rücknahmeautomaten und zusätzlich 750 Millionen Euro im Jahr Unterhaltskosten für das Pfandsystem.

(15), (17)

Unterstützt sehen sich die Kritiker durch das Umweltgutachten 2002, in dem die Umweltweisen vor der Einführung des Dosenpfandes warnen. Das Dosenpfand sei ökologisch wenig effektiv und mit unangemessenen Zusatzkosten verbunden. Eine Erhöhung der Mehrwegquote wird aber trotzdem als unbedingt notwendig erachtet. Die Umweltweisen schlagen deshalb eine Abgabe auf Einwegverpackungen vor, die von der Industrie ebenfalls kategorisch abgelehnt wird. (16)

Demgegenüber sind einige Handelsverbände und Brauereien der Meinung, sie profitierten von der Einführung des Dosenpfandes. Da über 95 % der kleinen und mittleren Getränkefirmen ausschließlich in Mehrwegverpackungen abfüllen und dafür in den vergangenen Jahren auch umfassende Investitionen in Abfüllanlagen getätigt haben, werden durch das Dosenpfand 250 000 Arbeitsplätze in der Getränkeindustrie gesichert. Dazu kommen 100 000 Arbeitsplätze im Getränkeeinzelhandel. Man hofft und erwartet, dass durch die Einführung des Pflichtpfandes für Einwegverpackungen viele Verbraucher auf Getränke in Mehrwegflaschen zurückgreifen werden, zumal der rasante Anstieg des Getränkeverkaufs in Dosen und Einwegflaschen aggressiv und gezielt durch Sonderangebote der großen Getränkehersteller und Discounter gesteuert wurde. Trotz Protests haben sich wohl Hersteller und Getränkehandel bereits auf die Pfandpflicht eingestellt - so hätten z. B. Getränkekonzerne wie Coca-Cola bereits Regelungen zur Umsetzung der Pfandpflicht in ihre Allgemeinen Geschäftsbedingungen aufgenommen. (11), (18), (19)

# Fallbeispiele

Die Firma Interseroh hat sich darum beworben, für ganz Hessen die flächendeckende, haushaltsnahe Entsorgung von Verkaufsverpackungen zu übernehmen, ebenso wie die Mainzer Landbell AG, die schon seit mehreren Jahren versucht, als Alternative zum DSD tätig zu werden. Bislang scheiterte man daran, die vorhandenen Erfassungs- und Verwertungsstrukturen des DSD mitzubenutzen. Trotz Anordnung der Europäischen Wettbewerbskommission vom Herbst 2001, diskriminierende Verhaltensweisen gegenüber Lizenznehmern zu unterlassen, wehrt sich die DSD weiterhin mit Verweis auf mehrere nationale Urteile, in denen gegenteilig entschieden wurde. Über den Einspruch der DSD soll in diesem Jahr entschieden werden. (2), (5), (6), (7)

Selbstversorgermodelle werden von den Firmen Vfw, Interseroh und Bellandvision angeboten. So entsorgt die Vfw, neben den o. g. Verpackungen der Friseurgeschäfte, die BASF-, Bayer- und Ratiopharm-Arzneimittelverpackungen von rund 14.000 Apotheken und 2.000 Krankenhäusern. Interseroh entsorgt den Verpackungsmüll der dm-Eigenmarken, für alle dm-Markenartikelverpackungen ist eine Zusammenarbeit mit Bellandvision vorgesehen. Das planen auch die Drogisten Schlecker, Rossmann und Müller. Interseroh bietet auch Selbstentsorger-Systeme für Möbel- und Baumärkte sowie für den Versandhandel. (2), (4)

Das Landbell-Konzept wird im Lahn-Dill-Kreis mit großem Erfolg angewandt. Der aussortierte Plastikmüll wird an den Methanolhersteller "Schwarze Pumpe" geliefert, der auch von der DSD beliefert wird. Die Verwertung von einer Tonne Kunststoffmüll kostete Jahr 2000 240 Euro. Dazu kamen 1380 Euro für die Sammlung und Sortierung über die DSD, im Lahn-Dill-Kreis mußten die Verbraucher nur ein Zehntel für das Sammeln und Sortieren bezahlen. (6)

Automatenhersteller rechnen bereits fest mit der Einführung des Einwegpfandes. So hat die Firma

MRV aus Westerkappeln ein Kombigerät entwickelt, das sowohl Mehr- als auch Einwegverpackungen zurücknehmen kann. Weitere Automatenanbieter sind die deutsche Firma Prokent und die norwegische Tomra, die davon ausgeht, in den nächsten Jahren 40000 Automaten in Deutschland absetzen zu können. (22)

Die Firma CCR Logistics Systems AG bietet in Zusammenarbeit mit der Clearing Bank Hannover AG, der MRV Multi Reverse Vending GmbH und der Euro-Log AG ein flächendeckendes System zur Rücknahme von Getränkeverpackungen im Rahmen des Pflichtpfandsystems an. Ein Großteil der Kosten soll durch den Wegfall der DSD-Gebühren ausgeglichen werden.

Vor kurzem wurde in Deutschland erstmals der Kreislauf für PET-Einwegflaschen geschlossen. Die Firma Cleanaway betreibt in Rostock eine 15 000-Tonnen-PET-Recyclinganlage, die aus gebrauchten PET-Flaschen lebensmitteltaugliches Recyclat herstellt. Neue PET-Flaschen können bis zu 80 % dieses Mahlguts enthalten. Da der Preis des Recyclats bei 70 bis 80 % des Neupreises liegt, ist der Absatz bereits gesichert. (23)

## Weiterführende Literatur

(1) Duales System Deutschland kritisiert Umweltpolitik der Bundesregierung, Die Welt, Jg. 52, Nr. 102 vom 03.05.2002, S. 12
aus www.powernews.org Meldung vom 05.12.2008 - 13:27

(2) Interseroh setzt den Hebel bei den Kommunen an
aus Lebensmittel Zeitung 15 vom 12.04.2002 Seite 062

(3) DSD-Umbau erregt die Gemüter
aus Lebensmittel Zeitung 10 vom 08.03.2002 Seite 052

(4) Untiefen voraus
aus Der Handel Nr.01 vom 04.01.2002 Seite 012

(5) Vowinkel, Heike, Kritiker des Dualen Systems fordern Liberalisierung des Marktes für Recycling-Müll, Welt am Sonntag, Jg. 53, Nr. 11 vom 17.3.2003, S. 10
aus Der Handel Nr.01 vom 04.01.2002 Seite 012

(6) Biesel, Elke, Teure Verwertung der Verpackung, Kölner Stadtanzeiger vom 25.4.2002
aus Der Handel Nr.01 vom 04.01.2002 Seite 012

(7) In der Zwickmühle
aus ENTSORGA MAGAZIN Nr. 03 vom 12.03.2002 Seite 014

(8) Gute Noten für die Nachhaltigkeit des DSD
aus Lebensmittel Zeitung 05 vom 01.02.2002 Seite 054

(9) DSD-Stiftung bleibt weiter Zankapfel

aus Lebensmittel Zeitung 14 vom 05.04.2002 Seite 001

(10) Querelen um DSD-Stiftung
aus Lebensmittel Zeitung 11 vom 15.03.2002 Seite 003

(11) Urbach, Matthias, Ein epochaler Dosenknick, taz vom 21.03.2002, S. 7
aus Lebensmittel Zeitung 11 vom 15.03.2002 Seite 003

(12) Pott, Wolfgang, Klage gegen Zwangspfand der Bundesregierung: NRW-Firmen hoffen auf EU-Kommission, Welt am Sonntag, Jg. 53, Nr. 15 vom 14.04.2002, S. 98
aus Lebensmittel Zeitung 11 vom 15.03.2002 Seite 003

(13) Umwelt - Händler wehren sich gegen Dosenpfand, Mitteldeutsche Zeitung vom 30.03.2002
aus Lebensmittel Zeitung 11 vom 15.03.2002 Seite 003

(14) Schmalbach-Lubeca klagt gegen Dosenpfand
aus Frankfurter Allgemeine Zeitung, 25.04.2002, Nr. 96, S. 20

(15) Das Zwangspfand verteuert den Grünen Punkt
aus Frankfurter Allgemeine Zeitung, 10.04.2002, Nr. 83, S. 18

(16) Grassmann, Philip, Schlechtes Urteil über das Dosenpfand, Süddeutsche Zeitung vom 12.04.2002, S. 6
aus Frankfurter Allgemeine Zeitung, 10.04.2002, Nr. 83, S. 18

(17) Dosenpfand wird 2003 fällig - 25 Cent für Bierbüchsen - Handel plant Verfassungsklage, STZ Stuttgarter Zeitung vom 21.03.2002
aus Frankfurter Allgemeine Zeitung, 10.04.2002, Nr. 83, S. 18

(18) Dosenpfand: Erheblicher Schub für Mehrweg, Deutsche Handwerks Zeitung, Heft 6, 2002, S. 8
aus Frankfurter Allgemeine Zeitung, 10.04.2002, Nr. 83, S. 18

(19) Unumkehrbarkeit von Pflichtpfand unterstrichen - Mittelstand begrüßt Bekenntnis der Bundesregierung, Getränkefachgroßhandel, Heft 4, 2002, S. 56
aus Frankfurter Allgemeine Zeitung, 10.04.2002, Nr. 83, S. 18

(20) Verfahren kommt nicht voran
aus Lebensmittel Zeitung 07 vom 15.02.2002 Seite 036

(21) Faire Chance für den Mittelstand
aus ENTSORGA MAGAZIN Nr. 03 vom 12.03.2002 Seite 016

(22) Flaschendrehen und Pfandspiele Das geplante Zwangspfand auf Einwegverpackungen erhitzt die Gemüter - auch bei betroffenen Firmen
aus FTD Financial Times Deutschland vom 19.04.2002, Seite WE8

(23) Korn für Korn

aus ENTSORGA MAGAZIN Nr. 04 vom 09.04.2002
Seite 042

# Impressum

## Duales System Deutschland im umgestalteten Recycling-Markt

**Bibliografische Information der deutschen Nationalbibliothek**

Die Deutsche Nationalbibliothek verzeichnet diese Publikation in der deutschen Nationalbibliografie; detaillierte bibliografische Daten sind im Internet über http://dnb.d-nb.de abrufbar.

ISBN: 978-3-7379-1551-9

© 2015 GBI-Genios Deutsche Wirtschaftsdatenbank GmbH, Freischützstraße 96, 81927 München, www.genios.de

Alle Rechte vorbehalten. Dieses Werk ist einschließlich aller seiner Teile – z.B. Texte, Tabellen und Grafiken - urheberrechtlich geschützt. Jede Verwertung außerhalb der Grenzen des Urheberrechtsgesetzes bedarf der vorherigen Zustimmung des Verlags. Dies gilt insbesondere auch für auszugsweise Nachdrucke, fotomechanische Vervielfältigungen (Fotokopie/Mikroskopie), Übersetzungen, Auswertungen durch Datenbanken oder ähnliche Einrichtungen und die Einspeicherung und Verarbeitung in elektronischen Systemen.